Matherad 2
Expertenheft

Nina Fiedel-Gellenbeck
Alma Tamborini

Ernst Klett Verlag
Stuttgart • Leipzig • Dortmund

das Sudoku

das Quadrat   die Spalte

In jeder Zeile, Spalte und in jedem kleinen Quadrat darf jede Zahl nur einmal vorkommen.

die Zeile

1 Verwende: 1 2 3 4 5 6 7 8 9

8	9	7	3	1	6	5	2	4
3	2	1	7		5	8	9	
6	5	4	2	9	8	3	1	7
2	4	3	5		1	6		9
1		6	8	2	9		5	3
5		9	6	3			7	1
4	1	8		5	3	7	6	2
7	3			6	2	9	4	
9	6	2	4	8		1		5

9	5	2		3		8	6	7
	8		7		2		3	1
1	3	7		6		4	9	
	6		2		1		4	
5		9		4		7		8
	4		8	7	9		1	
	2	5			6	9	7	3
3	7		9	2			8	
4	9	1		8		2	5	6

	4	3			6	9	1	
7		1		8		5		
5	6	8	9	3		7	4	2
6			1	9		8		
	8	7	5		4	6	9	3
	3	4		6		1		5
8	1	9		4	5	3	6	7
3		5	6	7		4		1
	7	6	3		8	2		

7			5	2				8
	5	6		9	8	4		
	4		3	6	7		5	
	6	2	7	8				
8		1	4					2
4	3			1	9		6	
					5			
5			6		2	9	3	1
		7	9	4	1	5		

Zehner und Einer

Z	E
2	13

Ich bündele die 13 Einer zu einem Zehner und 3 Einern.

Z	E
3	3

2 Nicht gebündelt und gebündelt. Was passt zusammen?

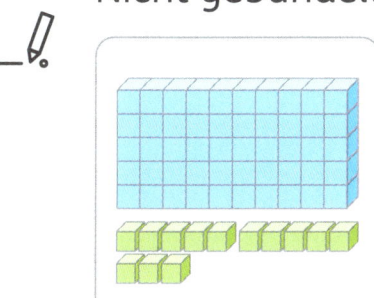 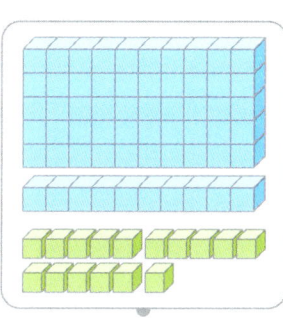 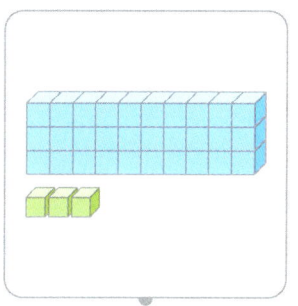 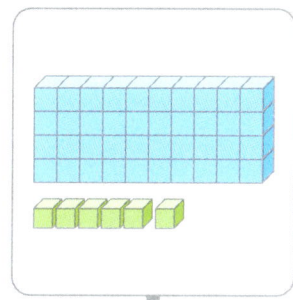

Z	E
3	16

Z	E
2	13

Z	E
7	6

Z	E
6	3

3 Nummeriere von klein nach groß.

Z	E
2	11

☐

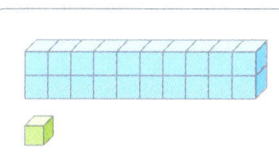

1.

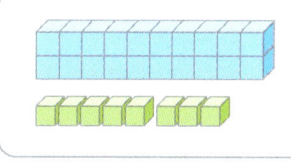

☐

Z	E
3	13

☐

Z	E
3	2

☐

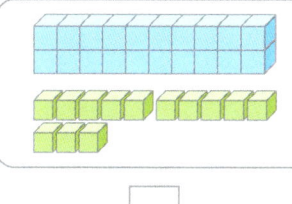

☐

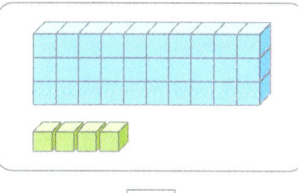

☐

Z	E
2	10

☐

Hunderterreihe

Ich verbinde die Zahlen der Reihe nach. Die Linien dürfen sich nicht berühren.

4

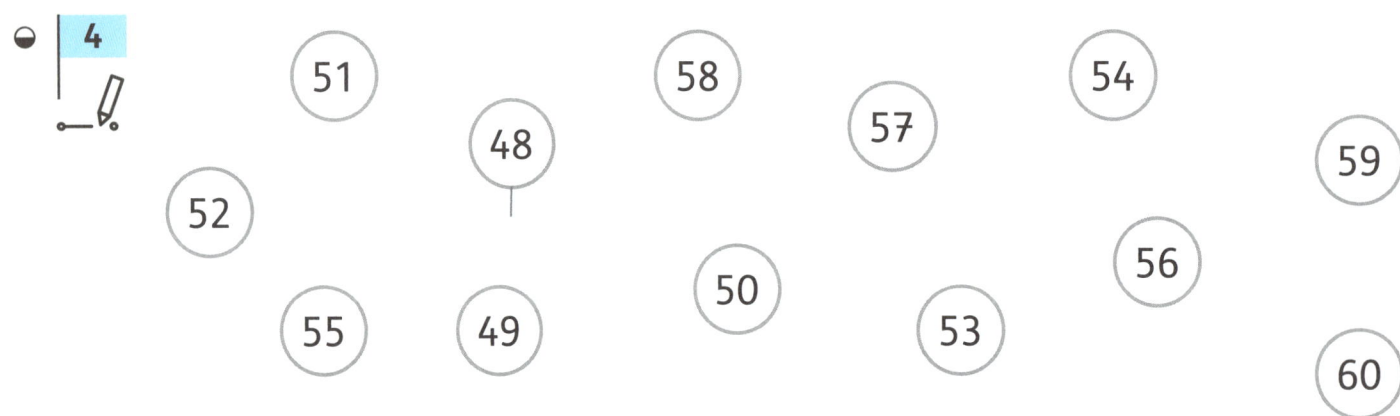

5

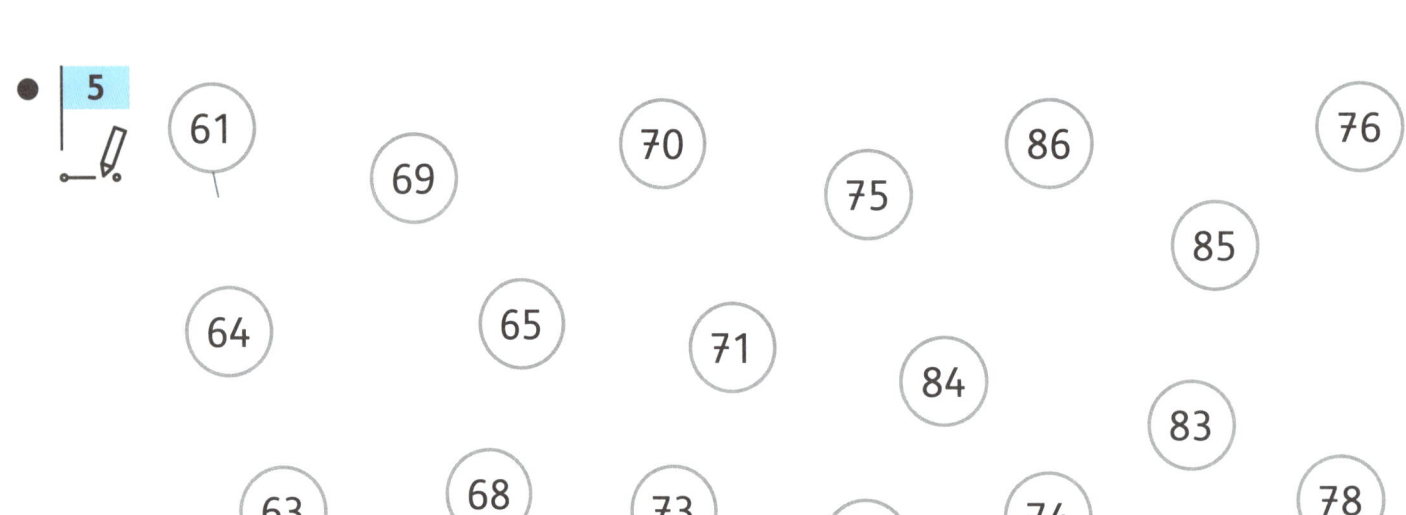

□ ▯→ Arbeitsbuch 2 S. 18

Hunderterreihe

Ich trage die fehlenden Zahlen ein.
Vor der 77 steht die 76.

6

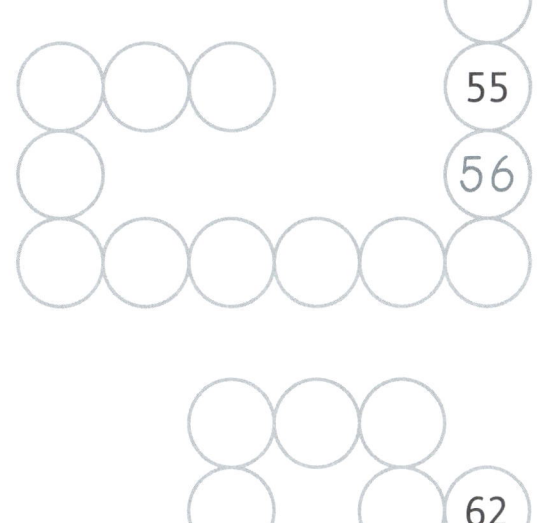

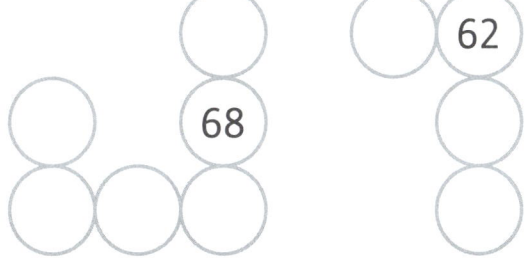

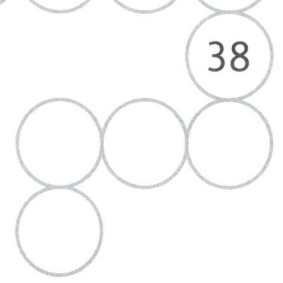

7

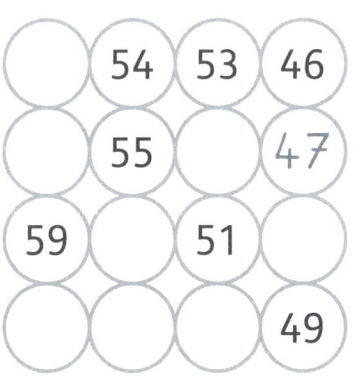

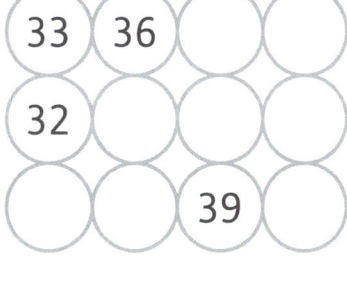

□ ▯→ Arbeitsbuch 2 S. 19

Hunderterfeld

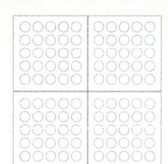

8

Alle 3 Zahlen haben 4 Einer.	44	55	66

| Alle 3 Zahlen haben 5 Zehner. | 35 | 36 | 37 |

| Alle 3 Zahlen stehen in der 10. Zeile. | 91 | 95 | 98 |

| Alle 3 Zahlen stehen in der 3. Spalte. | 64 | 65 | 66 |

| Alle 3 Zahlen stehen direkt untereinander. | 23 | 43 | 63 |

| Alle 3 Zahlen stehen direkt nebeneinander. | 53 | 56 | 59 |

| Alle 3 Zahlen werden immer um 1 größer. | 35 | 45 | 55 |

| Alle 3 Zahlen haben gleich viele Zehner und Einer. | 14 | 54 | 94 |

9

Alle 3 Zahlen haben 6 Einer.	36		

| Alle 3 Zahlen haben 8 Zehner. | | | |

| Alle 3 Zahlen stehen in der 3. Zeile. | | | |

| Alle 3 Zahlen stehen in der 5. Spalte. | | | |

| Alle 3 Zahlen stehen direkt untereinander. | | | |

| Alle 3 Zahlen stehen direkt nebeneinander. | | | |

| Alle 3 Zahlen werden immer um 1 größer. | | | |

| Alle 3 Zahlen werden immer um 10 größer. | | | |

Hunderterfeld

10

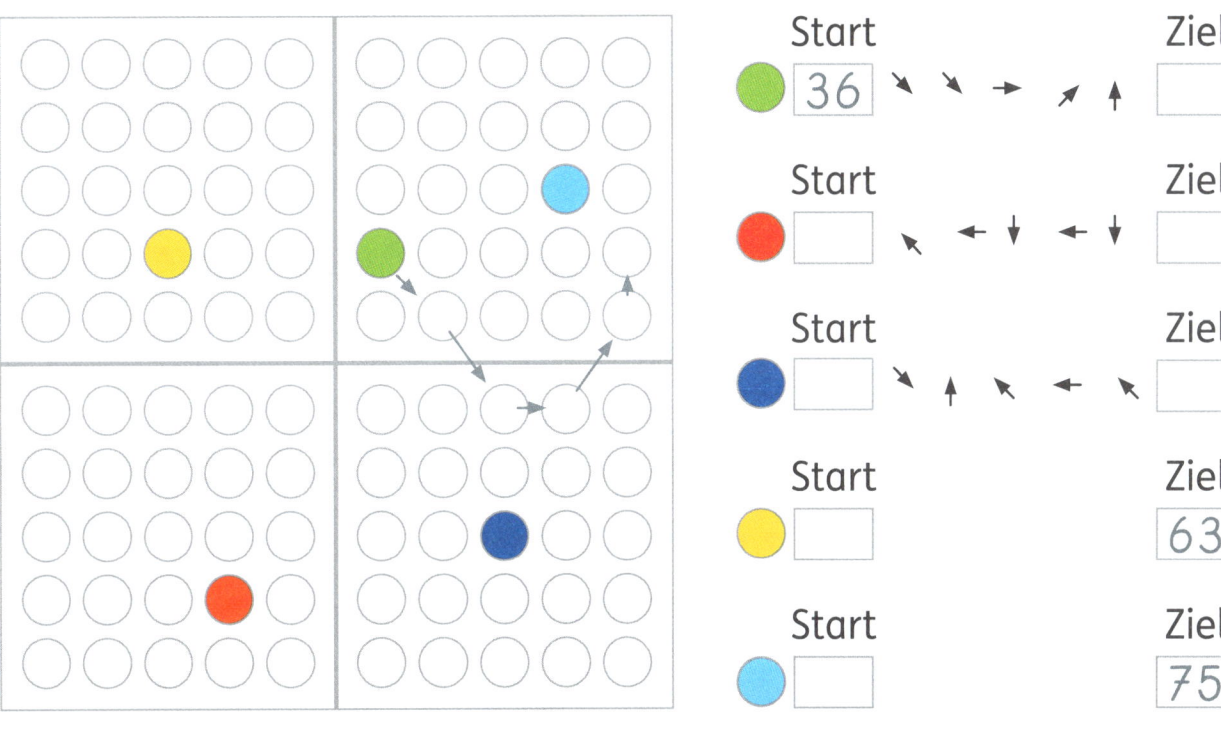

Start 36 ↘ ↘ → ↗ ↑ Ziel ☐ (grün)

Start ☐ ↙ ← ↓ ← ↓ Ziel ☐ (rot)

Start ☐ ↙ ↑ ↖ ← ↖ Ziel ☐ (blau)

Start ☐ Ziel 63 (gelb)

Start ☐ Ziel 75 (hellblau)

11

Ich gehe von der 28 3 Zehner weiter und 4 Einer zurück.
Ich stehe auf der _____ .

Ich gehe von der 97 5 Zehner und 4 Einer zurück.
Ich stehe auf der _____ .

Ich gehe von der 62 2 Zehner und 8 Einer vor.
Ich stehe auf der _____ .

Ich gehe von der 39 2 Zehner zurück und 3 Einer vor.
Ich stehe auf der _____ .

_____
_____
_____

Knobelseite

Als es noch keine Zahlen gab, erfanden die Völker verschiedene Zeichen für die Ziffern.

Bei den Maya sahen die Zeichen so aus:

0	1	2	3	4	5	6

7	8	9	10	11	12	13

14	15	16	17	18	19	20

12 Schreibe Zahlen wie die Maya. Finde verschiedene Möglichkeiten, um die Zahlen darzustellen.

22   40   56

68   79   100

🎤 Erkläre, wie du die einzelnen Zahlen dargestellt hast.

Knobelseite

Carl Friedrich Gauß

Carl Friedrich Gauß war ein berühmter Mathematiker. Als er ein kleiner Junge war, stellte ihm sein Mathelehrer die Aufgabe alle Zahlen von 1 bis 100 zusammenzurechnen. Carl Friedrich Gauß war schneller als alle anderen Kinder fertig.
Denn er hatte einen Trick.

13 Rechne möglichst geschickt alle Zahlen von 5 bis 15 zusammen.
Male oder schreibe deine Lösung auf.

🎤 Erkläre, wie du vorgegangen bist.

_____

_____

_____

14 Versuche nun die Zahlen von 1 bis 20 mit deinem Trick geschickt zusammenzurechnen.

🎤 Erkläre, wie du vorgegangen bist.

☐ ▢→ Arbeitsbuch 2 S. 29

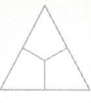

1

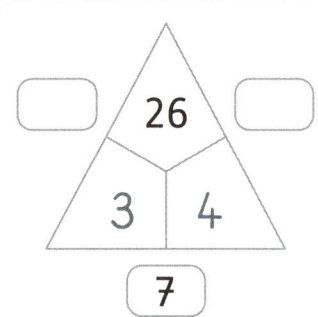 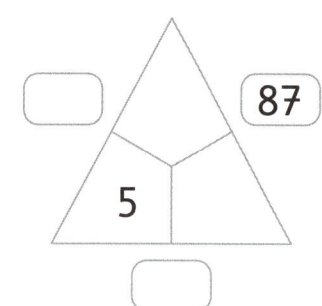 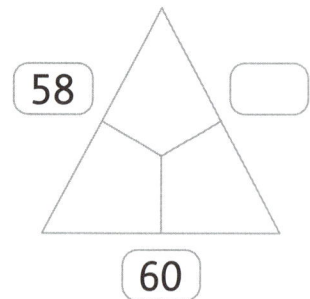

🎤 Gibt es jeweils nur eine richtige Lösung?

2

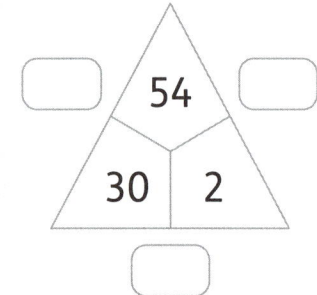 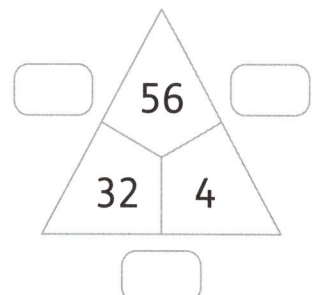 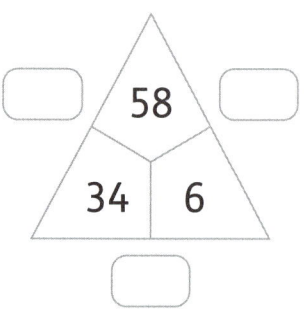

Beschreibe wie sich die Innenzahlen und Außenzahlen verändern.

_____

_____

3 Erfinde ein Rechendreieck und erhöhe jede Innenzahl um 10.

🎤 Was fällt dir auf?

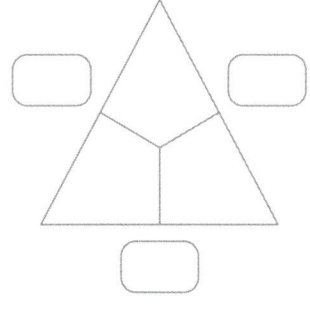 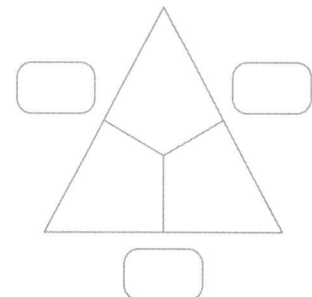 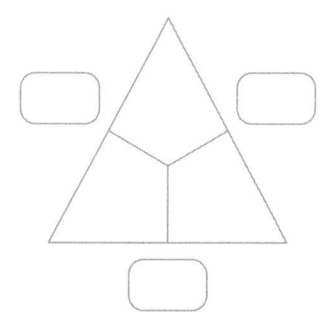

_____

_____

4 Rechne. Verbinde die Entdeckerpäckchen mit der passenden Beschreibung.

63	+ 7	=	70
64	+ 6	=	
65	+ 5	=	
66	+ 4	=	
	+	=	

Wenn die erste Zahl um 1 größer wird und die zweite Zahl um 2 größer wird

dann wird das Ergebnis um 1 kleiner.

2	+ 75	=	
3	+ 77	=	
4	+ 79	=	
	+	=	
	+	=	

Wenn die erste Zahl um 1 größer wird und die zweite Zahl um 1 kleiner wird

dann bleibt das Ergebnis gleich.

48	+ 9	=	
47	+ 9	=	
46	+ 9	=	
	+	=	
	+	=	

Wenn die erste Zahl um 2 größer wird und die zweite Zahl gleich bleibt

dann wird das Ergebnis um 2 größer.

83	+ 7	=	
85	+ 7	=	
87	+ 7	=	
	+	=	
	+	=	

Wenn die erste Zahl um 1 kleiner wird und die zweite Zahl gleich bleibt

dann wird das Ergebnis um 3 größer.

□ ▱→ **Arbeitsbuch 2** S. 44

ZE + E
Rechentricks

● **5** Finde Aufgaben, die zu den Rechentricks passen.

Du kannst auch Zahlen benutzen, die größer als 100 sind.

Verliebte Zahlen	Zwerg und Riese	9er-Trick	Zuerst zum Zehner
	$123 + 4$		

ZE + ZE
Zahlenketten

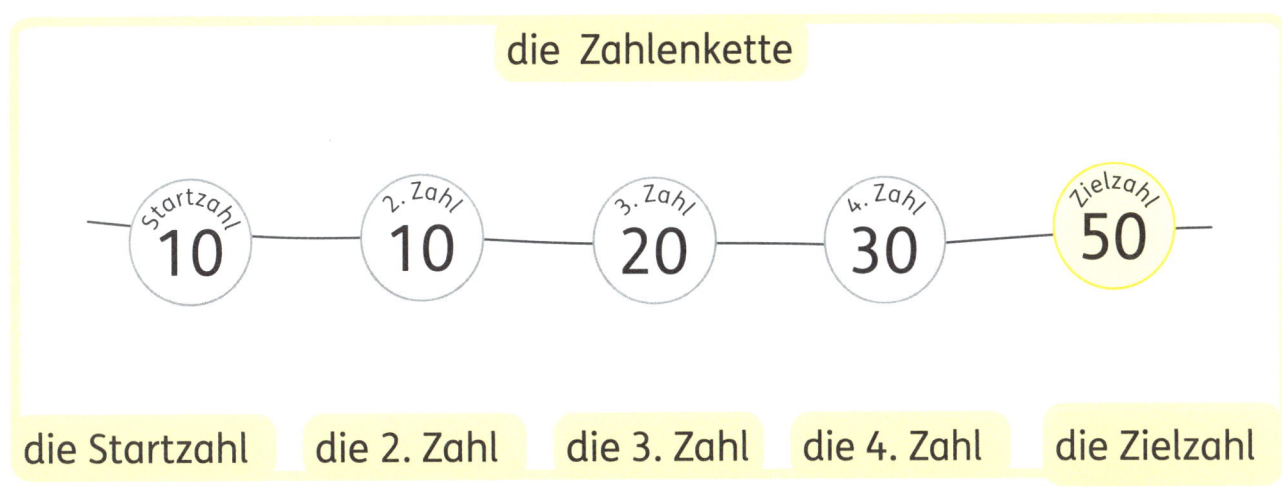

die Zahlenkette

die Startzahl   die 2. Zahl   die 3. Zahl   die 4. Zahl   die Zielzahl

6 Erkläre, wie Zahlenketten gerechnet werden. Benutze die Wörter aus dem Wortkasten.

Die Startzahl und

7

Startzahl **12** — 2. Zahl **14** — 3. Zahl — 4. Zahl — Zielzahl

Startzahl **21** — 2. Zahl **9** — 3. Zahl — 4. Zahl — Zielzahl

Startzahl **8** — 2. Zahl — 3. Zahl — 4. Zahl — Zielzahl **67**

Startzahl **34** — 2. Zahl — 3. Zahl — 4. Zahl — Zielzahl **95**

8 Setze das Muster fort.

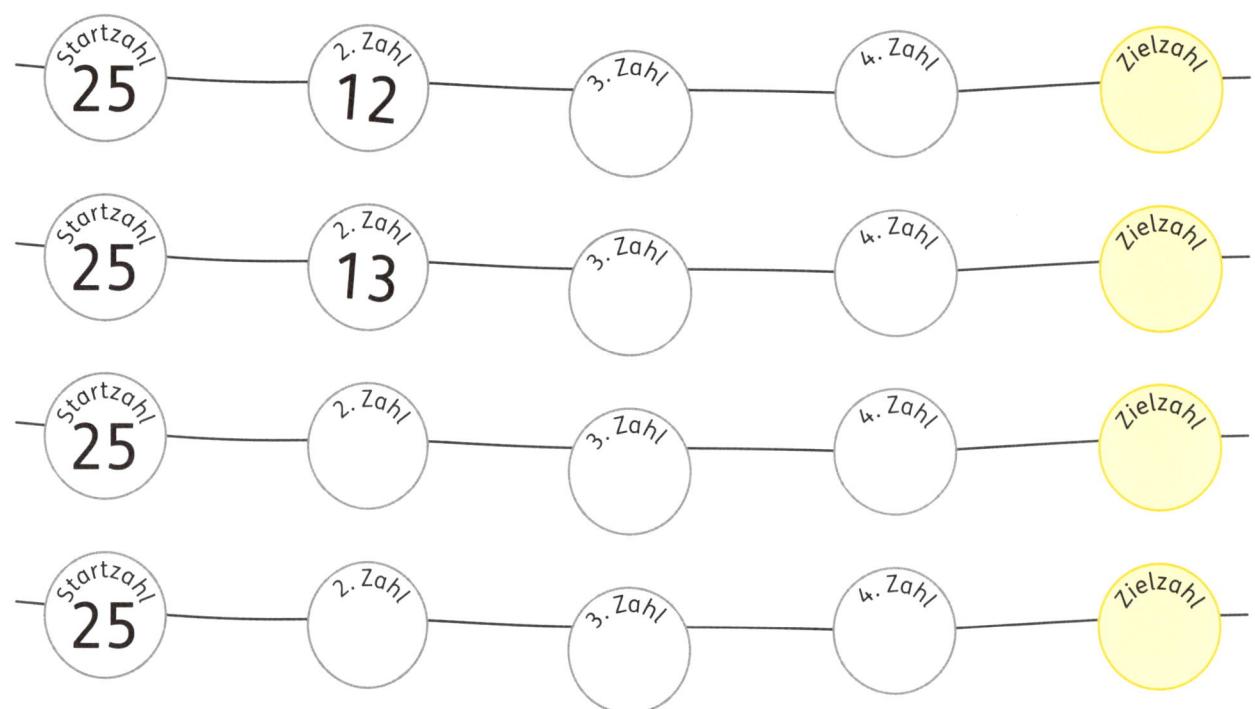

🎤 Beschreibe das Muster. Was passiert mit der Zielzahl?

9 Tausche die Startzahl und die 2. Zahl. Finde ein eigenes Beispiel.

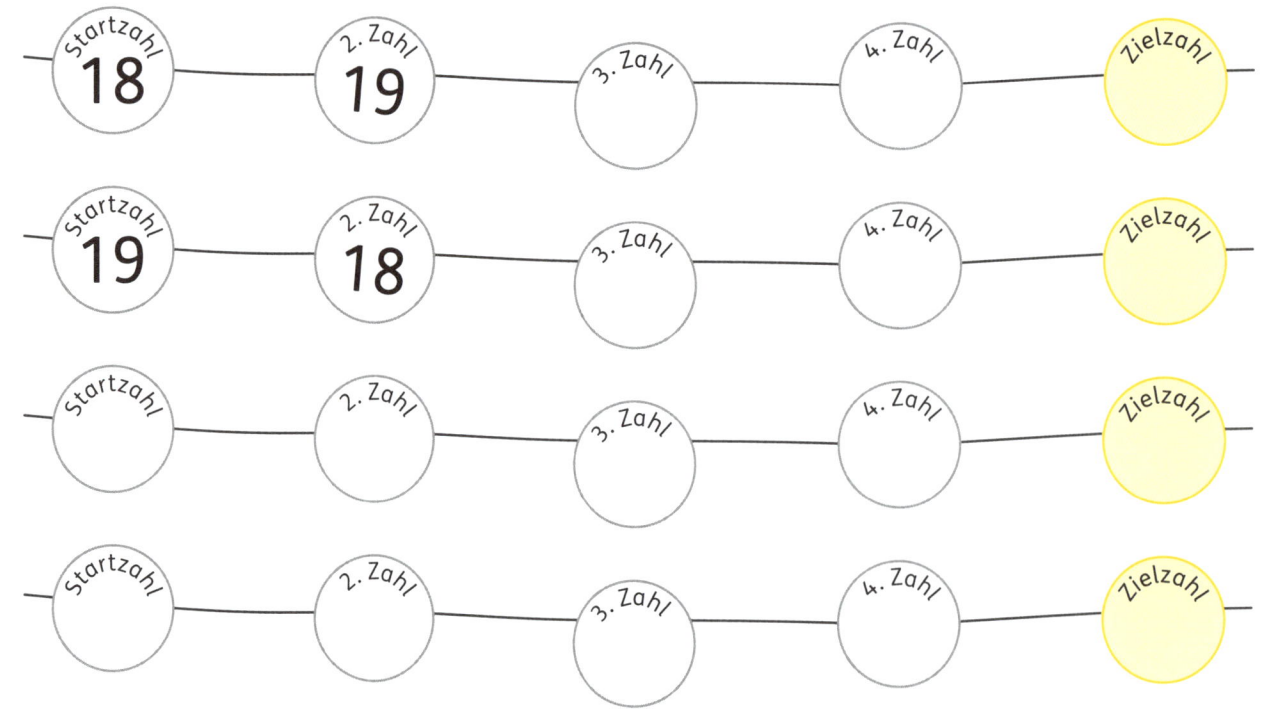

🎤 Vergleiche die Zielzahlen. Was fällt dir auf?

ZE + ZE
Magische Quadrate

das magische Quadrat

Albrecht Dürer

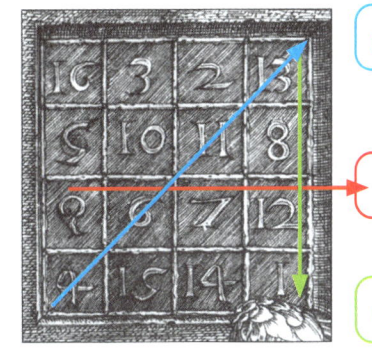

die Diagonale

die Zeile

die Spalte

---

10 Untersuche das magische Quadrat von Albrecht Dürer.

In den Feldern stehen die Zahlen von ☐ bis ☐.

Wenn ich die Zahlen einer Spalte zusammenrechne ist das Ergebnis immer ☐.

Wenn ich die Zahlen einer Zeile zusammenrechne ist das Ergebnis immer ☐.

Wenn ich die Zahlen einer Diagonalen zusammenrechne ist das Ergebnis immer ☐.

☐ ist die Zauberzahl.

---

11 Löse die magischen Quadrate. Finde die Zauberzahlen.

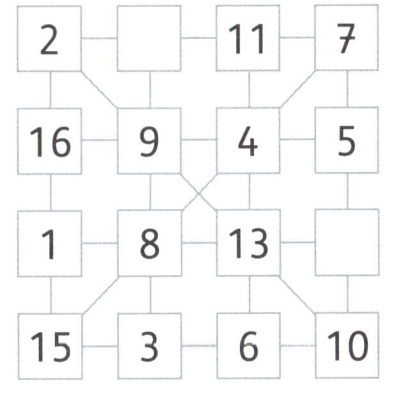

2		11	7
16	9	4	5
1	8	13	
15	3	6	10

Zauberzahl: ☐

16	6	9	
	11	8	14
	13	2	

Zauberzahl: ☐

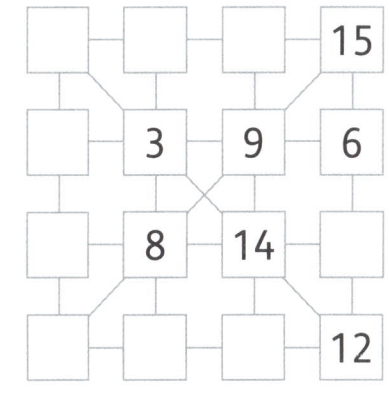

			15
	3	9	6
	8	14	
			12

Zauberzahl: ☐

Magische Quadrate

 12

Immer plus 1

| 17 | 4 | 3 | |

Zauberzahl: [ ]

Immer plus 2

Zauberzahl: [ ]

Immer plus 5

Zauberzahl: [ ]

Immer verdoppelt

Zauberzahl: [ ]

🎤 Wie ändert sich die Zauberzahl, wenn sich alle Zahlen verdoppeln?

ZE + ZE
Zahlenrätsel

13

Ich denke mir die 42 und rechne das Doppelte von 12 dazu.
Meine Zahl heißt: _____ .

Ich rechne zu meiner Zahl 53 dazu und erhalte 75.
Meine Zahl heißt: _____ .

Meine Zahl ist um 25 größer als das Doppelte von 25.
Meine Zahl heißt: _____ .

Meine Zahl ist doppelt so groß wie das Doppelte von 21.
Meine Zahl heißt: _____ .

Meine Zahl ist um 2 Zehner und 17 Einer größer als 53.
Meine Zahl heißt: _____ .

Ich rechne zu meiner Zahl 38 dazu und erhalte 84.
Meine Zahl heißt: _____ .

_____

_____

_____

Ich male 4 Felder an. Das Ergebnis soll immer 42 sein. Ich finde verschiedene Möglichkeiten. Zahlen die schon markiert sind, dürfen nicht mehr verwendet werden.

14 Finde verschiedene Möglichkeiten vier Felder anzumalen.

Das Ergebnis soll immer 48 sein.

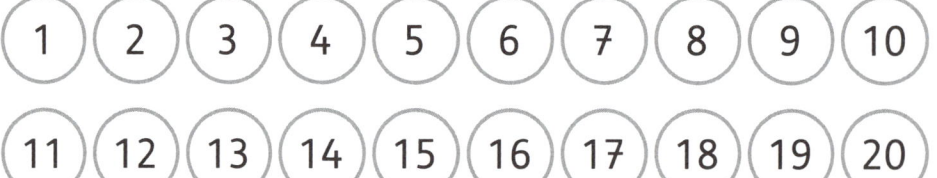

Das Ergebnis soll immer 58 sein.

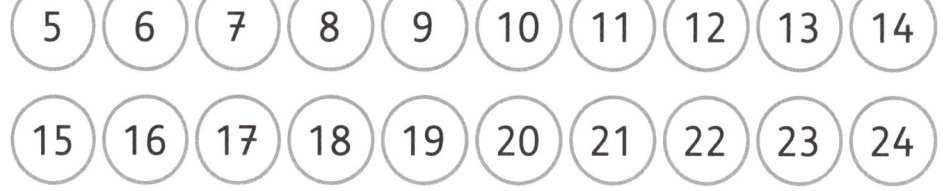

Das Ergebnis soll immer 82 sein.

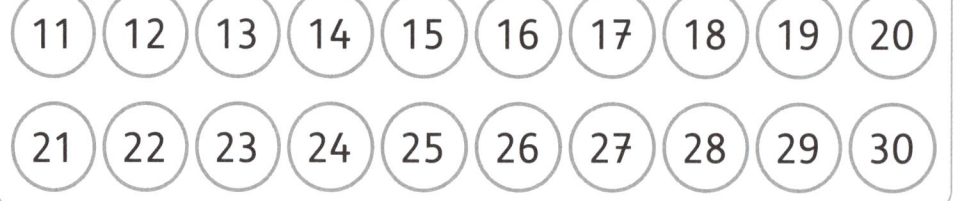

Das Ergebnis soll immer 100 sein.

Knobelseite

Schlag deinen Eltern doch mal Folgendes vor:
Du hilfst ab jetzt ganz viel zu Hause mit und
räumst immer dein Zimmer auf.
Dafür möchtest du am 1. Tag 1 € von deinen
Eltern haben und jeden folgenden Tag doppelt
so viel, wie am vorherigen Tag.

15 Wäre es klug von deinen Eltern sich auf diese Abmachung
einzulassen? Was vermutest du? Erkläre.

_____

_____

_____

_____

16 Wie viel verdienst du an den einzelnen Tagen?

Tag 1	Tag 2	Tag 3	Tag 4	Tag 5	Tag 6	Tag 7
1 €						

17 Wie viel verdienst du in den ersten 6 Tagen? ☐
Wie viel verdienst du an Tag 6 und 7 zusammen? ☐
Wie viel verdienst du am 8. Tag? ☐
Wie viel verdienst du an Tag 10? ☐
An welchem Tag hättest du mehr als 1000 € verdient? ☐

☐ ☐→ Arbeitsbuch 2 S. 55

Entdeckerpäckchen

1 Beschreibe die Entdeckerpäckchen.

78	–	40	= 38
77	–	40	=
76	–	40	=
75	–	40	=
	–		=

Wenn die erste Zahl um 1 kleiner wird und die zweite Zahl _____

dann wird das Ergebnis um _____ .

89	–	30	=
87	–	40	=
85	–	50	=
	–		=
	–		=

Wenn die erste Zahl _____ und die zweite Zahl _____

dann wird das Ergebnis um _____ .

51	–	10	=
52	–	20	=
53	–	30	=
	–		=
	–		=

Wenn die erste Zahl _____ und die zweite Zahl

dann _____ _____ _____ .

93	–	70	=
94	–	70	=
95	–	70	=
	–		=
	–		=

Wenn die erste Zahl _____ und die zweite Zahl

dann _____ _____ _____ .

Entdeckerpäckchen

2 Finde eigene Entdeckerpäckchen.

☐ – ☐ = ☐
☐ – ☐ = ☐
☐ – ☐ = ☐
☐ – ☐ = ☐
☐ – ☐ = ☐
↓ ↓ ↓
☐ ☐ ☐

Das Ergebnis soll immer um 1 kleiner werden.

☐ – ☐ = ☐
☐ – ☐ = ☐
☐ – ☐ = ☐
☐ – ☐ = ☐
☐ – ☐ = ☐
↓ ↓ ↓
☐ ☐ ☐

Das Ergebnis soll immer gleich bleiben.

☐ – ☐ = ☐
☐ – ☐ = ☐
☐ – ☐ = ☐
☐ – ☐ = ☐
☐ – ☐ = ☐
↓ ↓ ↓
☐ ☐ ☐

Das Ergebnis soll immer um 1 größer werden.

Das Ergebnis soll immer um 2 kleiner werden.

☐ – ☐ = ☐
☐ – ☐ = ☐
☐ – ☐ = ☐
☐ – ☐ = ☐
☐ – ☐ = ☐
↓ ↓ ↓
☐ ☐ ☐

Umkehrzahlen

die Umkehrzahl

Wenn ich den Zehner und den Einer vertausche, erhalte ich die Umkehrzahl.

Ich ziehe die kleinere von der größeren Zahl ab. Ich bilde damit eine Umkehraufgabe.

6 4 – 4 6 = 1 8

3 Wähle eine Zahl. Bilde ihre Umkehrzahl. Ziehe die kleinere von der größeren Zahl ab.

5 2 – 2 5 = ☐   ☐ – ☐ = ☐   ☐ – ☐ = ☐

☐ – ☐ = ☐   ☐ – ☐ = ☐   ☐ – ☐ = ☐

☐ – ☐ = ☐   ☐ – ☐ = ☐   ☐ – ☐ = ☐

☐ – ☐ = ☐   ☐ – ☐ = ☐   ☐ – ☐ = ☐

☐ – ☐ = ☐   ☐ – ☐ = ☐   ☐ – ☐ = ☐

☐ – ☐ = ☐   ☐ – ☐ = ☐   ☐ – ☐ = ☐

Was fällt dir auf?

_____

_____

ZE – ZE
Umkehrzahlen

4 Finde Umkehraufgaben mit den passenden Ergebnissen.
Versuche alle Möglichkeiten zu finden.

Ergebnis 9	Ergebnis 18	Ergebnis 27	Ergebnis 36	Ergebnis 45
98 – 89				

5 Bei der Zahl 98 ist der Unterschied zwischen den beiden Ziffern 1.
Untersuche weitere Zahlen aus Aufgabe 4 und beschreibe, wie groß
der Unterschied zwischen den Ziffern ist.

$$98$$
$$9 - 8 = 1$$

🎤 Beschreibe, was der Unterschied zwischen den Ziffern mit dem
Ergebnis zu tun hat.

□ 🗐→ Arbeitsbuch 2 S. 73

23

6 Finde Minusaufgaben bei denen du ergänzt und Aufgaben bei denen du Minus rechnest. Färbe bei den Ergänzungsaufgaben die Rechenzeichen gelb.

Du kannst auch Zahlen benutzen, die größer als 100 sind.

Ich ergänze

$$48 - 5$$

$$43 + 5 = 48$$

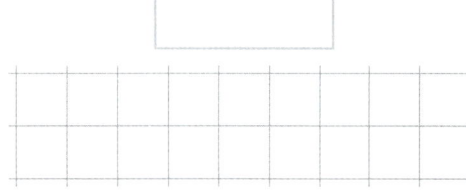

Ich rechne minus

$$95 - 43$$

$$95 - 40 = 55$$
$$55 - 3 = 52$$

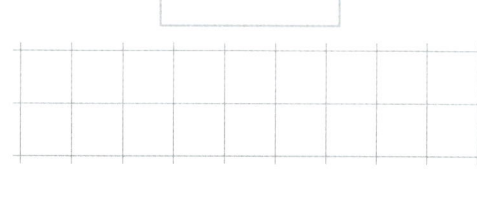

→ Arbeitsbuch 2 S. 76

7

−	47	36	
	18		
		18	
85	38		47

−			18
		44	35
65			
85	47		

−	39		29
	44		
71			
65		46	

−			
	35		
84	57	49	38
	54		

8

Ruben hat 89 € gespart. Er möchte sich neue Inliner für 59 € und einen Fußball für 17 € kaufen. Außerdem wünscht er sich ein Trikot seiner Lieblingsmannschaft. Das Trikot soll 70 € kosten.

Jeden Monat bekommt Ruben 8 € Taschengeld.

Was kann er sich sofort kaufen? Wie lange muss er sparen bis er sich alles kaufen kann? Schreibe oder male deine Lösung auf.

Lösung:

Antwort:

ZE – ZE
Zahlenrätsel

9

Ich denke mir die 64 und ziehe die Hälfte von 70 ab. Meine Zahl heißt: _____.

Ich ziehe von meiner Zahl 47 ab und erhalte 33. Meine Zahl heißt: _____.

Meine Zahl ist um 31 kleiner als die Hälfte von 90. Meine Zahl heißt: _____.

Meine Zahl ist halb so groß wie die Hälfte von 76. Meine Zahl heißt: _____.

Meine Zahl ist um 3 Zehner und 12 Einer kleiner als 63. Meine Zahl heißt: _____.

Ich ziehe von meiner Zahl 19 ab und erhalte 64. Meine Zahl heißt: _____.

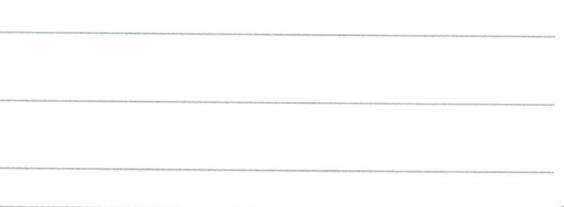

Plus und minus

> Ich bilde aus den Augenzahlen 2 zweistellige Zahlen und rechne sie zusammen.

> Ich bilde aus den Augenzahlen 2 zweistellige Zahlen und ziehe sie voneinander ab.

35 + 26

63 − 52

10 Würfle mit 4 Würfeln. Bilde passende Aufgaben.

Rechne plus und minus. Finde verschiedene Möglichkeiten.

Ergebnis 86

54 + 32

Ergebnis 33

46 − 13

ungerades Ergebnis

gerades Ergebnis

☐ 🗎→ **Arbeitsbuch 2** S. 80

11 Die berühmte Diebesbande möchte einen großen Schatz stehlen – nur leider haben sie den Zahlencode vergessen.

Löse die Hinweise und finde den richtigen Code vor der Diebesbande und der Schatz gehört dir.

Hinweis 1

42
57
74
82

Die Zahl ist nicht die Hälfte von 84.

Die Zahl ist nicht ungerade.

Die Zahl hat nicht 5 Zehner und 24 Einer.

Hinweis 2

17
67
46
92
71

Die Zahl ist nicht gerade.

Die Zahl ist nicht das Ergebnis von 98 – 27.

Die Zahl ist nicht größer als 50.

Hinweis 3

Die Zahl ist nicht die Hälfte von 94.

Die Zahl ist nicht das Ergebnis von 83 – 54.

Die Zahl ist nicht ungerade.

64
29
33
47
17

Hinweis 4

Die Zahl hat nicht 3 Zehner und 13 Einer.

Die Zahl ist nicht die Hälfte von 72.

Die Zahl ist nicht das Ergebnis von 65 – 39.

26
36
43
52

12 Wie viele Würfelaugen sind nicht zu sehen?

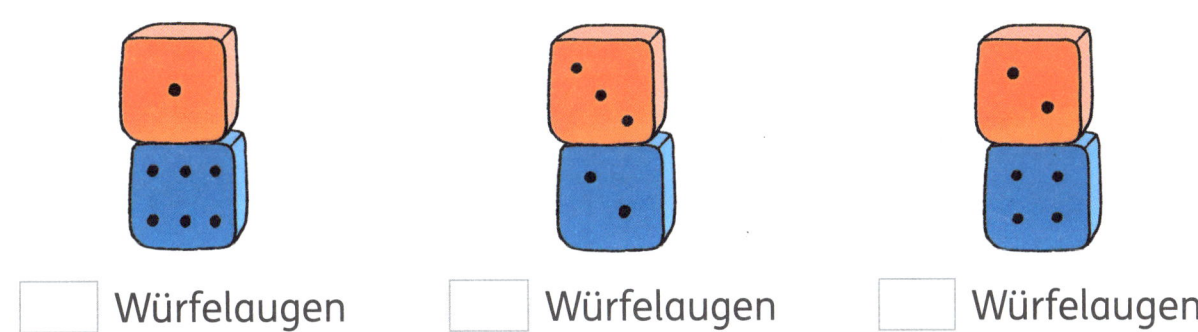

| Würfelaugen | | Würfelaugen | | Würfelaugen |

Wie bist du vorgegangen, um herauszufinden, wie viele Würfelaugen nicht zu sehen sind? Beschreibe.

_____

_____

_____

13 Wie viele Würfelaugen sind nicht zu sehen?

| Würfelaugen | | Würfelaugen | | Würfelaugen |

| Würfelaugen | | Würfelaugen | | Würfelaugen |

Malaufgaben
Plus-Mal-Bäume

der Plus-Mal-Baum

die Zielzahl

die mittleren Zahlen

die unteren Zahlen

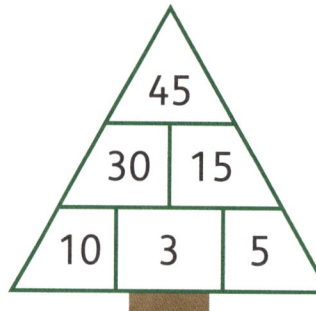

Ich rechne mal und plus.

1 Finde heraus, wie man Plus-Mal-Bäume löst.

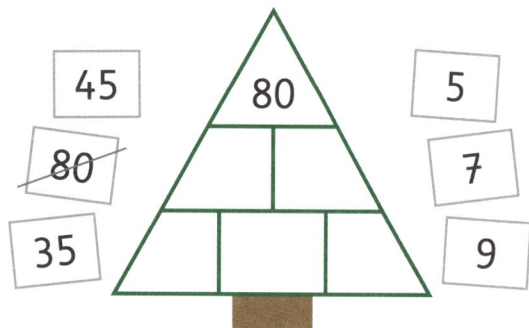

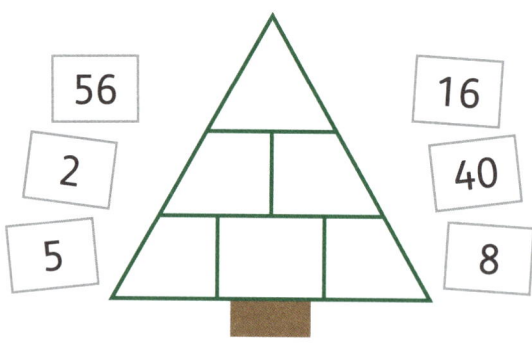

Erkläre, wie man Plus-Mal Bäume rechnet.

_____

_____

_____

_____

2

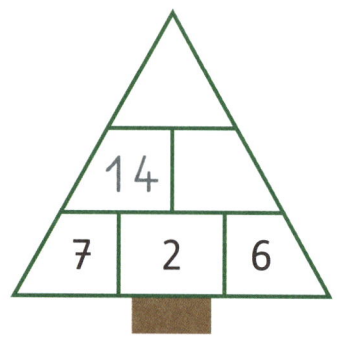

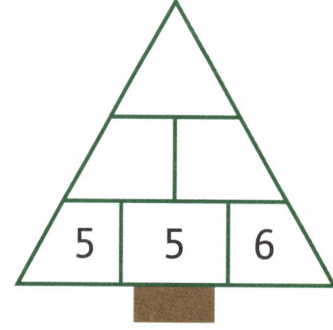

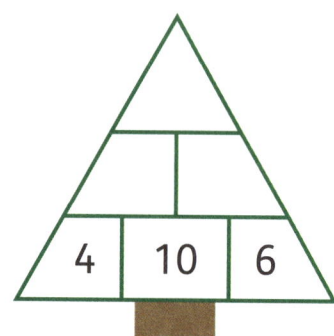

Malaufgaben

3 Setze fort, soweit du kannst.

$3 \cdot 1 = \boxed{}$

$3 \cdot 2 = \boxed{}$

$3 \cdot 3 = \boxed{}$

$3 \cdot 4 = \boxed{}$

$3 \cdot \boxed{} = \boxed{}$

$\boxed{} \cdot \boxed{} = \boxed{}$

$\boxed{} \cdot \boxed{} = \boxed{}$

$\boxed{} \cdot \boxed{} = \boxed{}$

$\boxed{} \cdot \boxed{} = \boxed{}$

$\boxed{} \cdot \boxed{} = \boxed{}$

$\boxed{} \cdot \boxed{} = \boxed{}$

$\boxed{} \cdot \boxed{} = \boxed{}$

$\boxed{} \cdot \boxed{} = \boxed{}$

$\boxed{} \cdot \boxed{} = \boxed{}$

$\boxed{} \cdot \boxed{} = \boxed{}$

$\boxed{} \cdot \boxed{} = \boxed{}$

$\boxed{} \cdot \boxed{} = \boxed{}$

$\boxed{} \cdot \boxed{} = \boxed{}$

$\boxed{} \cdot \boxed{} = \boxed{}$

$\boxed{} \quad \boxed{} \quad \boxed{}$

Schreibe alle Ergebnisse auf, die auch in den Aufgaben mit $2 \cdot \boxed{}$ vorkommen.

Schreibe alle Ergebnisse auf, die auch in den Aufgaben mit $6 \cdot \boxed{}$ vorkommen.

Schreibe alle Ergebnisse auf, die auch in den Aufgaben mit $7 \cdot \boxed{}$ vorkommen.

Schreibe alle Ergebnisse auf, die auch in den Aufgaben mit $8 \cdot \boxed{}$ vorkommen.

Schreibe alle Ergebnisse auf, die auch in den Aufgaben mit $9 \cdot \boxed{}$ vorkommen.

Malaufgaben

□ ▯→ **Arbeitsbuch 2** S. 108

Malaufgaben
Plus-Mal-Bäume

5

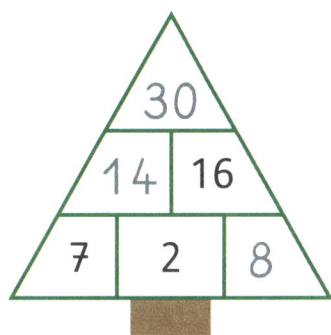
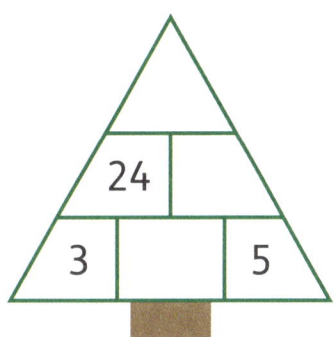
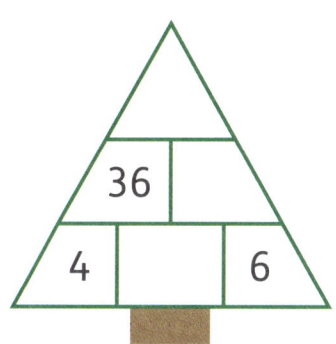

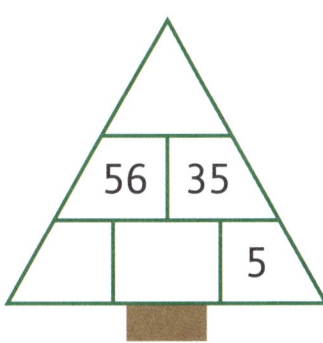
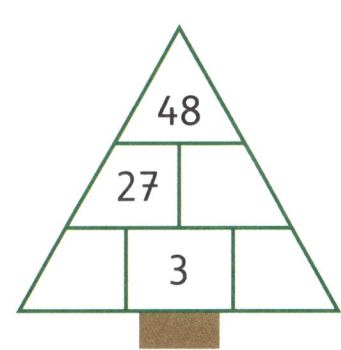
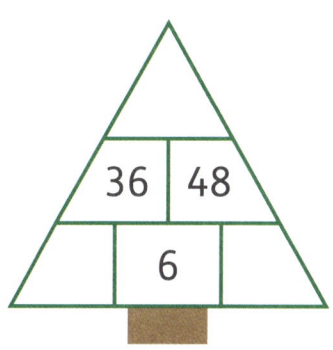

6 Erfinde eigene Plus-Mal-Bäume.

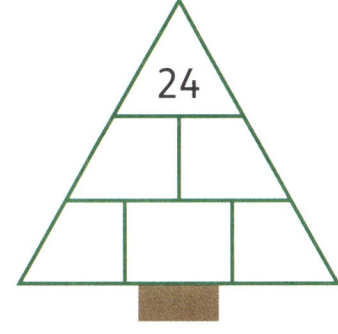
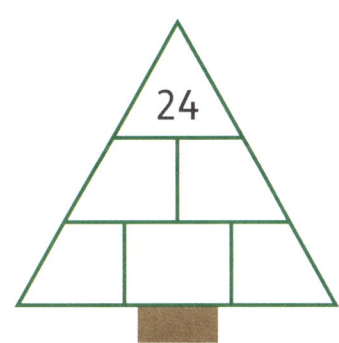
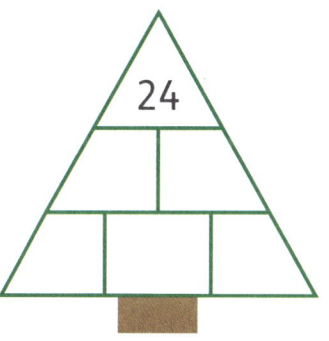

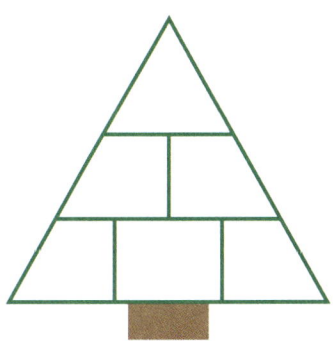
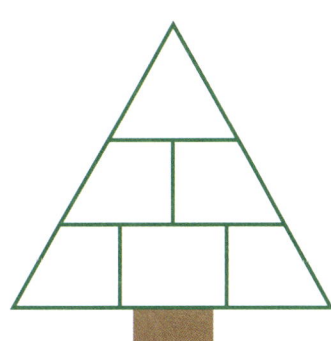
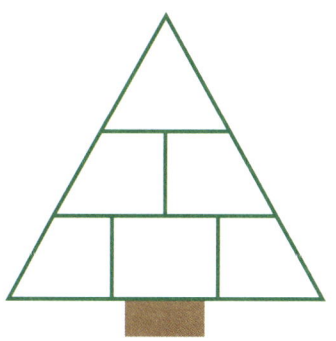

☐ ☐→ **Arbeitsbuch 2** S. 109

Teilen

7

☐	·	☐	=	15
☐	·	☐	=	☐
☐	:	☐	=	☐
☐	:	☐	=	☐

24

☐	·	☐	=	☐
☐	·	☐	=	☐
24	:	☐	=	☐
☐	:	☐	=	☐

72

☐	·	☐	=	☐
☐	·	☐	=	☐
☐	:	☐	=	☐
72	:	☐	=	☐

36

☐	·	☐	=	☐
☐	·	☐	=	☐
☐	:	☐	=	☐
☐	:	☐	=	☐

42

☐	·	☐	=	☐
☐	·	☐	=	☐
☐	:	☐	=	☐
☐	:	☐	=	☐

54

☐	·	☐	=	☐
☐	·	☐	=	☐
☐	:	☐	=	☐
☐	:	☐	=	☐

8 Hier haben sich in allen Richtungen Geteiltaufgaben versteckt.

24	6	4	63
6	3	2	7
1	18	2	9
1	5	5	25
1	30	10	3
72	36	9	7
8	6	48	3
9	6	54	21
9	8	7	56

24 : 6 = 4

34

☐ ☐→ Arbeitsbuch 2 S. 113

Mal und geteilt

9

Meine Zahl liegt zwischen 36 und 50. Sie ist ungerade und lässt sich durch 7 teilen.
Meine Zahl heißt: _____ .

Meine Zahl liegt zwischen 30 und 50. Ich kann sie durch 6 und 7 teilen.
Meine Zahl heißt: _____ .

Meine Zahl kann ich durch 9 teilen. Sie hat 1 Einer.
Meine Zahl heißt: _____ .

Meine Zahl ist kleiner als 20.
Ich kann sie durch 2,3,4 und 6 teilen.
Meine Zahl heißt: _____ .

10

In der 150 m langen Straße vor der Schule ist jeden Morgen viel los. Heute Morgen gab es es einen 100 m langen Stau. Wie viele Autos standen im Stau? Schreibe oder male, was du dir überlegst.

Lösung:

Antwort: _____

Wie viele Autos hätten noch in die Schlange gepasst, bevor die Straße komplett voll gewesen wäre?

Antwort: _____

11

Auf dem Bauernhof leben Pfaue und Schweine.

Zusammen haben die Tiere 26 Beine. Wie viele Pfaue und Schweine
können es sein?

Lösung:

Antwort: _____

12

Kühe und Gänse auf einer Wiese haben zusammen 38 Beine.

Wie viele Kühe und Gänse können es sein? Finde verschiedene
Möglichkeiten.

Lösung:

Antwort: _____

Knobelseite

 die Primzahlen  das Sieb des Eratosthenes

Primzahlen können nur durch 1 und sich selbst geteilt werden.

Die 4 kann durch 1, 4 und 2 geteilt werden. Sie ist keine Primzahl.

3	4
3 : 1 = 3	4 : 1 = 4
3 : 3 = 1	4 : 4 = 1
	4 : 2 = 2

13 Finde alle Primzahlen. Benutze dafür den Trick

„Das Sieb des Eratosthenes". Eratosthenes war ein griechischer

Gelehrter.

 Die 1 ist keine Primzahl. Die 2 ist die erste Primzahl.

 Streiche alle Zahlen durch, die durch 2 teilbar sind.

 Die 3 ist die zweite Primzahl.

 Streiche alle Zahlen durch, die durch 3 teilbar sind.

 Mache mit der nächsten Zahl weiter, die nicht durchgestrichen ist.

Vermute, weshalb die 1 keine Primzahl ist.

Erkläre, warum der Trick **„Das Sieb des Eratosthenes"** heißt.

□ 🖥→ Arbeitsbuch 2 S. 117

Würfelgebäude

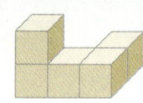

1 Baue nach. Zähle die Würfel. Schreibe die passenden Baupläne.

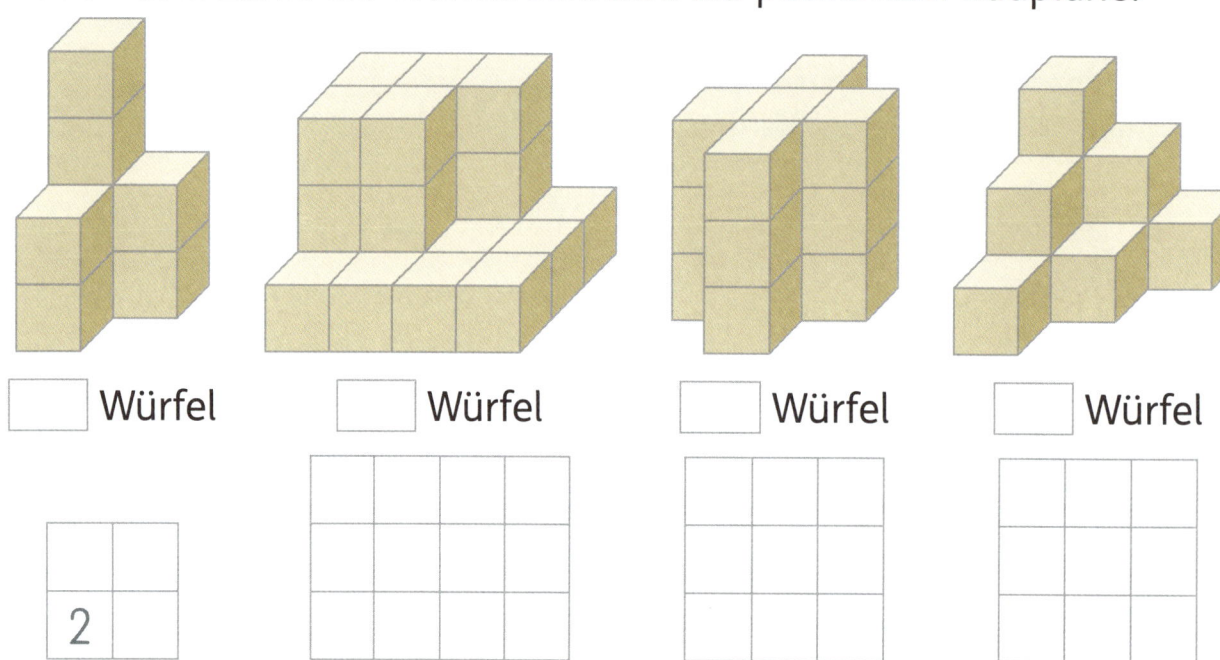

	Würfel		Würfel		Würfel		Würfel

2	

2 Baue Treppenwürfelgebäude.

Schreibe die passenden Baupläne.

3 Treppenstufen

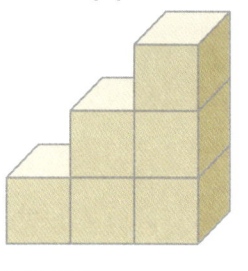

	Würfel

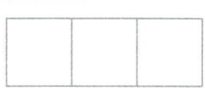

6 Treppenstufen

	Würfel

3 Baue Treppenwürfelgebäude.

Wie viele Würfel benötigst du für 8 Treppenstufen? | | Würfel

Wie viele Würfel benötigst du für 10 Treppenstufen? | | Würfel

Wie viele Würfel benötigst du für 13 Treppenstufen? | | Würfel

Würfelgebäude
Ansichten

4 Von rechts, von links, von oben, von unten, von hinten oder von vorn?

von vorn

von _____

von _____

von _____

von hinten

von _____

von _____

von _____

5

von hinten

von oben

von links

von unten

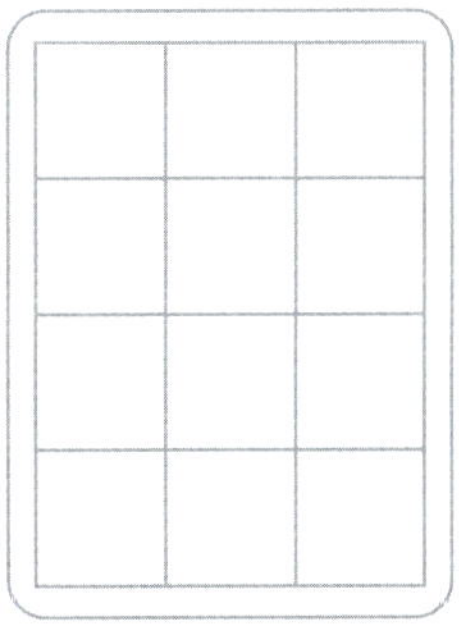

von rechts

von oben

Geld

6 Finde 3 verschiedene Möglichkeiten.

78,50 €

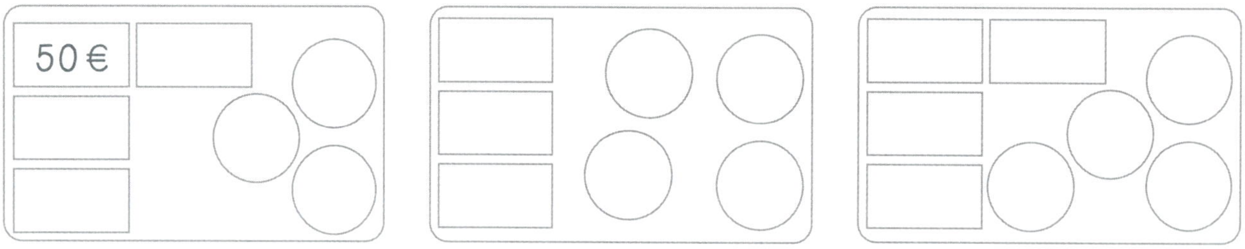

26,70 €

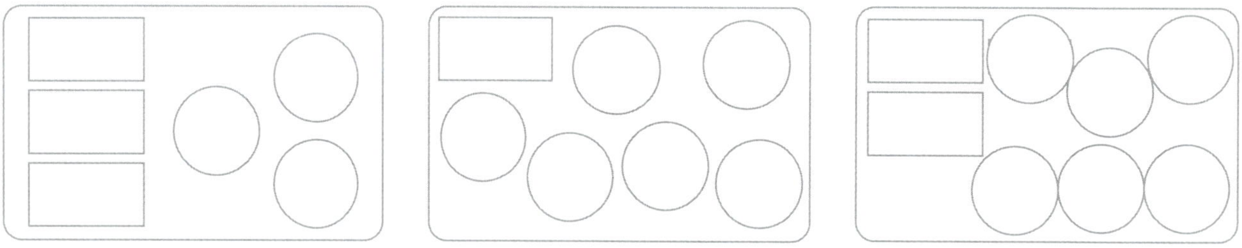

51,65 €

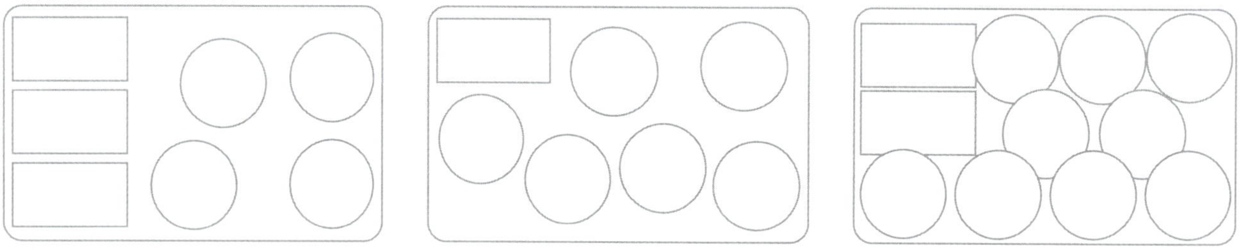

7 Theo hat in seiner Hosentasche jede Centmünze einmal. Er greift hinein und holt 3 Münzen heraus. Welche Möglichkeiten gibt es?

(1 ct) (2 ct) (5 ct)

Längen

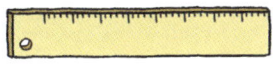

8 Wie viel cm Geschenkband brauchst du für dieses Geschenk?

Für die Schleife brauchst du 20 cm.

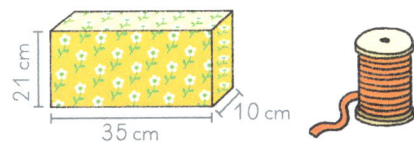

Wenn ich das Geschenk so einpacke, brauche ich

_____

_____

9 Welcher Maulwurf hat den kürzesten Weg zum Hügel. Schätze zuerst und miss dann mit einem Lineal.

10

Mimi und Mio machen mit ihrem Vater einen Ausflug in den Freizeitpark. Um wie viel Uhr kommen die 3 an?

_____

Wie lange hat die Reise von zu Hause bis zum Freizeitpark gedauert?

_____

Wann hätten die 3 da sein können, wenn der Zug keine Verspätung gehabt hätte? _____

Wie lange sind die 3 mit öffentlichen Verkehrsmitteln gefahren?

_____

Wie viele Minuten sind die 3 gelaufen?

_____

Die 3 wollen um 10.15 Uhr im Park sein. Um wie viel Uhr müssen sie aus dem Haus? Zu welchen Zeiten fahren sie mit welchem Zug oder Bus? Kreise die Uhrzeiten grün ein.

15 Minuten Fußweg ↓

Buslinie 456

Abfahrt: Nordmarkt	Ankunft: Dortmund HBF
7.45 Uhr	8.00 Uhr
8.00 Uhr	8.15 Uhr
8.15 Uhr	8.30 Uhr
8.30 Uhr	8.45 Uhr
8.45 Uhr	9.00 Uhr

5 Minuten Fußweg ↓

S-Bahn 2

Abfahrt: Dortmund HBF	Ankunft: Haltern
8.00 Uhr	8.45 Uhr
8.30 Uhr	9.15 Uhr
9.00 Uhr 45 min Verspätung	9.45 Uhr
9.30 Uhr	10.15 Uhr
10.00 Uhr	10.45 Uhr

10 Minuten Fußweg ↓

Buslinie 275

Abfahrt: Haltern	Ankunft: Freizeitpark
9:30 Uhr	10:00 Uhr
10:00 Uhr	10:30 Uhr
10:15 Uhr	10:45 Uhr
10:30 Uhr	11:00 Uhr
10:45 Uhr	11:15 Uhr

Häufigkeiten

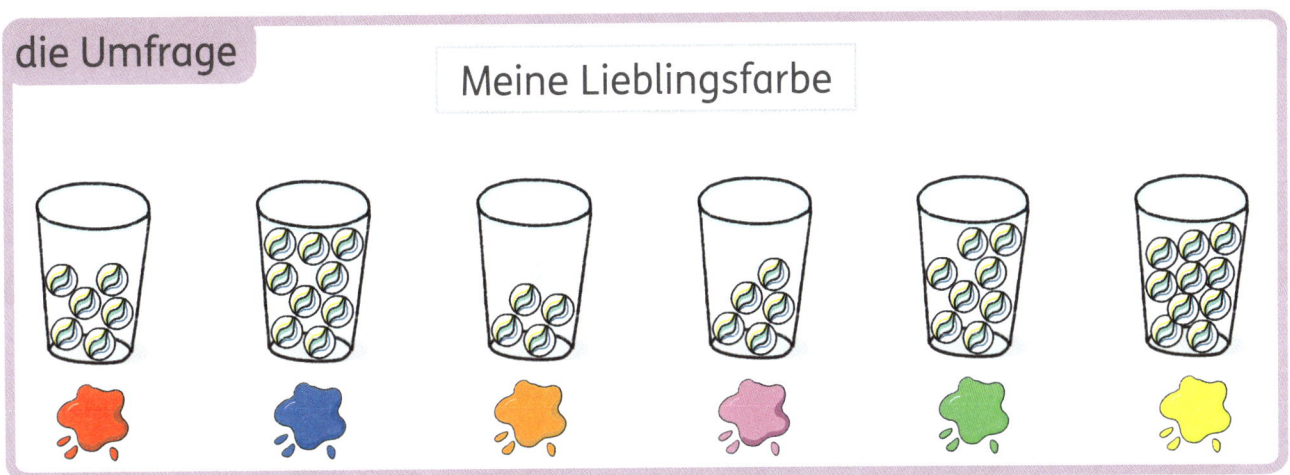

die Umfrage

Meine Lieblingsfarbe

11 Die Kinder der Faultierklasse und der Schmetterlingsklasse haben eine Umfrage zu ihrer Lieblingsfarbe gemacht.
Stelle die Ergebnisse mit einer Strichliste dar.

12 Zeichne passend zu der Umfrage ein Säulendiagramm.

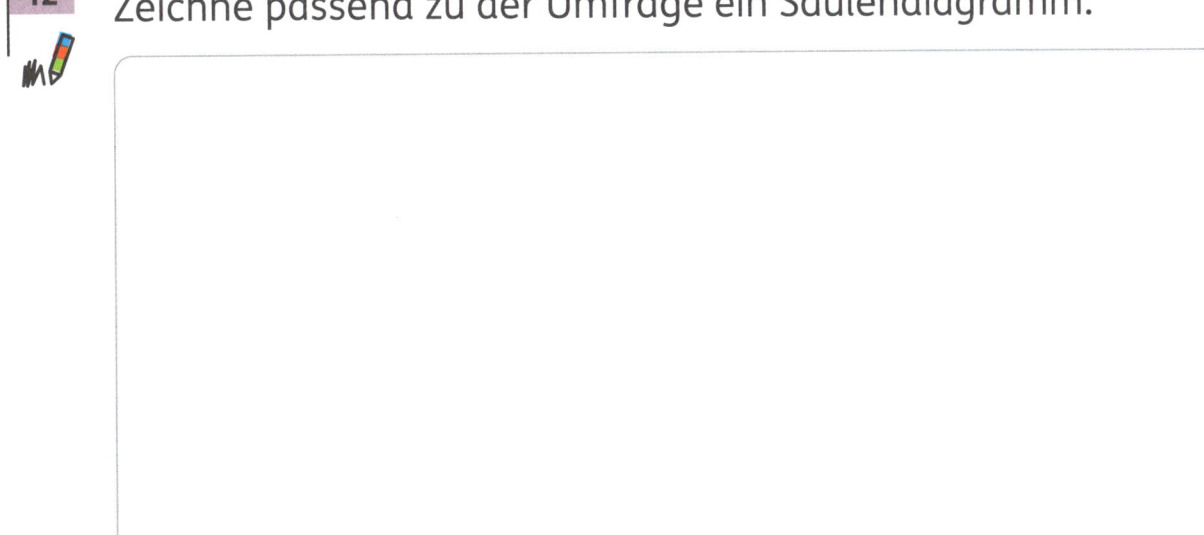

Es ist **sicher**, dass eine rote Kugel gezogen wird.
Es ist **unmöglich**, dass eine gelbe Kugel gezogen wird.

13 Eine blaue Kugel wird gezogen.

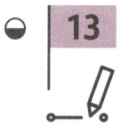

| sicher | wahrscheinlich | unwahrscheinlich | möglich | unmöglich |

14 Male die Kugeln passend an. Es gibt blaue, grüne, rote Kugeln.

Es ist unmöglich,
dass eine grüne
Kugel gezogen wird.

Es ist möglich,
dass eine grüne
Kugel gezogen wird.

Es ist sicher,
dass eine rote
Kugel gezogen wird.

Es ist unwahrscheinlich,
dass eine blaue
Kugel gezogen wird.

Es ist wahrscheinlich,
dass eine blaue
Kugel gezogen wird.

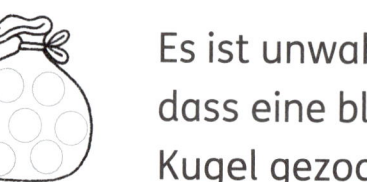

Es ist gleich
wahrscheinlich eine
rote oder eine blaue
Kugel zu ziehen.

Sachaufgaben

> Für ein gewonnenes Spiel gibt es 3 Punkte.
> Bei einem Unentschieden gibt es 1 Punkt.
> Bei einem verlorenen Spiel gibt es 0 Punkte.

15

Nach dem 8. Spieltag sagt der Trainer des BVB:

„Wir haben bisher 25 Punkte geholt!"

Frage: Kann das stimmen? Begründe.

Lösung:

Antwort: _____

16

Der BVB steht nach dem 14. Spieltag auf dem 1. Platz.

Frage: Wie viele Punkte kann der BVB höchstens erspielt haben?

Lösung:

Antwort: _____

17

Nach dem 20. Spieltag hat der BVB die Hälfte der Spiele gewonnen.

Frage: Wie viele Punkte hat der BVB höchstens? Wie viele Punkte

           hat der BVB mindestens?

Lösung:

Antwort: _____

18

Am 32. Spieltag gewinnt der BVB mit 81 Punkten die Meisterschaft.

Frage: Wie oft könnte der BVB gewonnen haben?

Lösung:

Antwort: _____

19 Lies die Aufgaben durch. Überlege dir welche Informationen du brauchst, um die Aufgabe lösen zu können.

Nimm dir Papier, falls du dir zu einer Aufgabe Notizen machen möchtest oder etwas aufmalen willst.

> Wie oft putzen sich alle Kinder deiner Klasse die Zähne in einer Woche?

> Eine ausgerollte Toilettenpapierrolle ist so lang wie dein Schulhof. Stimmt das?

> Du schläfst in einer Woche mehr als 50 Stunden. Stimmt das?

> Du steigst an einem Tag mehr als 100 Treppenstufen. Stimmt das?

> Wie oft atmest du im Sitzen in einer Minute?

> Wie viele Minuten Pause hast du in einer Woche?

> Wie viele Matherad- Arbeitsbücher brauchst du, um den Boden in deiner Klasse auszulegen?

> Wie lang ist die Schlange, wenn sich alle Kinder deiner Klasse an den Händen halten?

🎤 Suche dir eine Aufgabe aus. Erkläre wie du vorgegangen bist, um sie zu lösen.

Knobelseite

das Haus vom Nikolaus

Ich zeichne ohne abzusetzen. Ich darf jede Linie nur einmal beutzen.Ich habe den Startpunkt rot markiert und meinen Weg nummeriert.

2 3
4
5
1   8
7
6

20 Finde verschiedene Möglichkeiten das Haus vom Nikolaus zu zeichnen. Markiere den Startpunkt.

An welchen Startpunkten kannst du beginnen? Warum ist das so?

Knobelseite

Ich nehme 2 Stäbchen weg und sehe nun 1 kleines und 1 großes Dreieck.

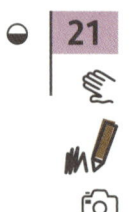

21 Lege das Ausgangsbild. Lege um.
Male deine Lösung.

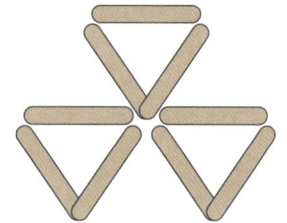

Lege 2 Stäbchen um, so dass du nur noch 2 Dreiecke siehst.

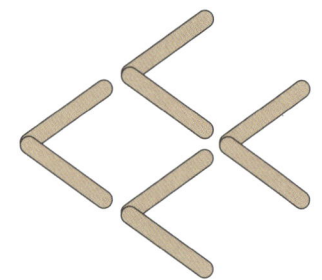

Lege 3 Stäbchen um, so dass der Fisch in die andere Richtung schwimmt.

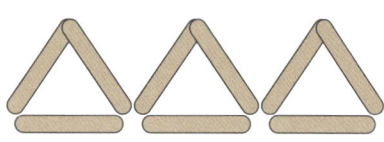

Lege 2 Stäbchen um, so dass du 4 Dreiecke siehst.

Lege 2 Stäbchen um, so dass sich der Schein nicht mehr auf der Schaufel befindet.